HOW TO
SELL MORE
& GET MORE
MONEY

7 NEW TECHNIQUES

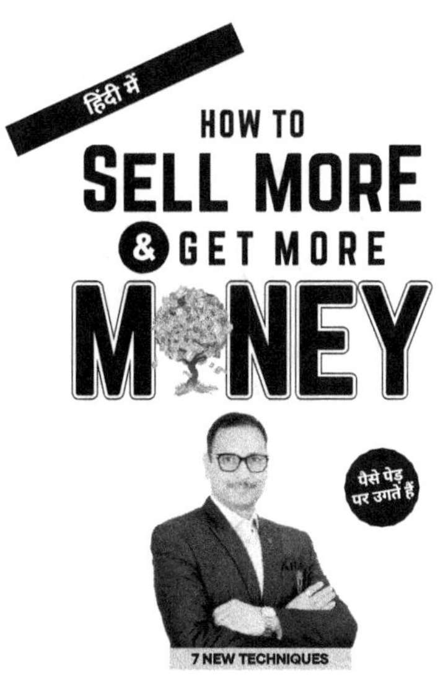

RAVI JAIN

Worldwide Published by
Pendown Press

PENDOWN PRESS

An ISO 9001 & ISO 14001 Certified Co.,

Regd. Office: 2525/193, 1st Floor, Onkar Nagar-A,

Tri Nagar, Delhi-110035

Ph.: 09350849407, 09312235086

E-mail: info@pendownpress.com

Branch Office: 1A/2A, 20, Hari Sadan, Ansari Road,

Daryaganj, New Delhi–110002

Ph.: 011-45794768

Website: PendownPress.com

First Edition: 2023

ISBN: 978-93-5554-550-3

Layout and Cover Designed by Pendown Graphics Team
Printed and Bound in India by Thomson Press India Ltd.

विषय-सूची

मेरी कहानी

स्व. श्री धरम चंद जी जैन

नमस्ते, प्रिय पाठकों!

मेरा नाम रवि जैन है और मैं राजस्थान के टोंक जिले से हूँ। मेरे पिताजी स्व. श्री धरम चंद जी जैन मेरे आदर्श हैं। आँखों से कम दिखने के बावजूद भी उन्होंने अपनी पढ़ाई पूरी की। वे टोंक छोड़कर जयपुर चले आये क्यूंकि उन्हें जीवन में कुछ अलग करने का जुनून था। शुरुआत में उन्होंने कपड़े की दुकान पर काम किया। फिर पांच वर्ष बाद, उन्होंने एक कपड़े की दुकान किराये पर ली और इसी व्यवसाय में अपनी एक विशेष पहचान बनाई।

उन्हीं के नक्शे-कदम पर चलते हुए मैंने भी कुछ अलग करने की ठान ली थी। ग्यारहवीं कक्षा में आते ही मैंने अपना कार्य शुरू कर दिया था। एक Medical C and F कंपनी में मैंने packing का काम शुरू किया। बचपन से मेहनती होने के कारण, मैं उसी

1

कंपनी में मैनेजर नियुक्त हुआ। परन्तु कुछ समय के बाद, किसी ने उस कंपनी को खरीद लिया। इसी कारण फिर मैंने जवाहरात का काम करने पर विचार किया। लेकिन कुछ दिनों के बाद मुझे वहाँ काम करने में मजा नहीं आ रहा था। फिर मैंने 28 मार्च, 1996 (रामनवमी के दिन), Electronics की दुनिया में कदम रखा। सबसे पहले मैंने एक छोटी सी दुकान किराये पर ली। महज 11 लाख रूपये से मैंने अपने व्यवसाय की शुरुआत की। शुरुआत में यह व्यवसाय पार्टनरशिप में किया परन्तु 6 महीने के बाद किसी कारणवश हमें पार्टनरशिप को रद्द करना पड़ा।

यह जानकर मेरे आस-पास के सभी लोगों ने मुझे यह व्यवसाय बंद करने की सलाह दी क्यूंकि मुझे व्यापार करने का कोई अनुभव नहीं था। उस समय मेरे पास मौजूद 11 लाख रुपयों की बहुत अहमियत थी। लेकिन मैं अपने निर्णय पर अटल रहा। इस बीच मेरी मुलाकात मेरे मार्केटिंग गुरु से हुई जिन्होंने मेरा साथ दिया और मेरा हौसला भी बढ़ाया।

इस सफर में मैंने Nokia Care Service Centre का काम किया जहाँ मैंने लोगों की केयर करना सीखा। इसके बाद मैंने Greenply के साथ काम किया जहाँ मैंने डिस्ट्रीब्यूशन का कार्य देखा। मेरे पास इस क्षेत्र का कोई भी अनुभव नहीं था फिर भी मैं हर वर्ष No 1 रहा। मैं यह जरूर बताना चाहूंगा कि जहाँ मैंने अपने जीवनकाल में एक कील भी नहीं खरीदी थी उसके बावजूद मैंने हमेशा उस समय की No 1 कंपनी के साथ काम किया। यह आप सभी का प्यार और साथ ही है जिससे मैं इस मंजिल तक पहुंचा हूँ, जहां मैंने अपनी एक खास पहचान बनाई।

मेरे जीवन का एक ही लक्ष्य है कि मैं जो भी काम करूँगा उसे पूरी निष्ठा, मेहनत, ईमानदारी और शिद्दत से करूँगा। तभी मैं सभी से यही कहता हूँ, **'हाँ, पैसे पेड़ पर उगते हैं'**।

रवि जैन

मेरी कलम से...

मैंने यह सब कुछ आप लोगों से ही सीखा है। आप सभी ने जो मुझे थोड़ा-थोड़ा सिखाया है उन सारे अनुभवों को मैं इस किताब में लिख रहा हूँ। आशा करता हूँ कि इन सभी को आप अपने व्यापार में उपयोग करेंगे जिससे आपका व्यापार तेजी से बढ़ेगा। आखिर, व्यापार को बढ़ाना या घटाना व्यापार के मालिक के हाथ में ही तो होता है।

यह तो आप सभी जानते ही हैं कि आजकल व्यापार करने के तरीकों में काफी बदलाव आ गया है। बढ़ते Digitalisation व नए प्रकार की तकनीकों के कारण व्यापार में काफी फर्क आ गया है। इसलिए हमें भी नई तकनीकों को अपनाकर अपने व्यापार में उसका उपयोग करना चाहिए। यदि हम ऐसा न करें तो हमारे लिए विभिन्न प्रकार की समस्याएं उत्पन्न हो जाएंगी और व्यापार में उनका सामना करना मुश्किल हो जायेगा। इस वजह से कई बड़ी कंपनियां जैसे KODAK, NOKIA, BLACKBERRY और VIDEOCON आज बंद हो गई हैं।

मेरे जीवन का उद्देश्य यह है कि मेरे साथ जुड़ने के बाद, हर रिटेलर का बिजनेस बढ़े और उनके मुनाफ़े का ध्यान रखते हुए उन्हें नए Products और Services दे सकें। आज मुझे इस इंडस्ट्री में पूरे 27 साल हो गए हैं। मेरी कंपनी Unnati Associates एक

Distribution House है जहाँ का मैं Director हूँ। आज मेरी कंपनी पूरे भारत के Electronics B2B में Top Distributor है। इन 27 सालों के सफर में मुझे BPL, VIDEOCON, LG, Godrej और LLOYD जैसे टॉप ब्रांड्स ने अवाड्स देकर सम्मानित किया है।

अभी तक लगभग मैंने 2,000 डीलर्स के साथ व्यापार किया है जिसमें से तकरीबन 700 डीलर्स के साथ हम हर महीने व्यापार करते हैं। अब तक हमने लगभग 20,00,000 से अधिक नग बेचे है। हमारी गाड़ियां प्रति वर्ष 3,00,000 कि.मी. चलकर आपको बेहतरीन सर्विस देती हैं।

आप शायद यह सोच रहे होंगे कि आखिर मैं यह किताब क्यों लिख रहा हूँ। है ना? तो इसका जवाब काफी आसान है। मैं यह किताब इसलिए लिख रहा हूँ क्यूंकि इस पुस्तक के जरिये मैं आपको टेंशन फ्री व्यापार करने और मुनाफा कमाने के रास्ते बताना चाहता हूँ।

इन सभी तरीकों को आप ध्यानपूर्वक पढ़ें। जिन बातों व सुझावों से आपके व्यापार में मुनाफा हो उसे अपने व्यापार में जरूर इस्तेमाल करें।

मैंने अपने जीवन की सारी Research, Studies, Books, Seminars व Workshops द्वारा जो भी ज्ञान, जानकारी व अनुभव को पाया है उसे इस किताब में बखूबी लिखा है। मैंने अपना काफी वक्त और पैसा लगाने के बाद इस किताब को लिखने का निर्णय लिया। मैंने वो सभी अनुभवों को इस किताब में लिखा है जिनको हमारी Industry के काफी लोगों ने अपनाकर अपने व्यापार में वृद्धि हासिल की है और वो अपने क्षेत्र में No 1 बन गए हैं।

मैं अपने टीम के लोगों, ग्राहकों, Suppliers और दोस्तों का कभी न खत्म होने वाले साथ, समर्थन व सम्मान के लिए सदा आभारी रहूँगा।

मैंने इस पुस्तक केवल 100 Copies बनवाई है, सिर्फ उन्ही लोगों के लिए जो हमारे साथ दिल से जुड़ें हुए हैं।

यह किताब किन लोगों के लिए फायदेमंद है?

मैंने यह किताब खास उन लोगों के लिए लिखी है जिनका अपना व्यापार है परन्तु वे इसलिए परेशान हैं क्यूंकि उनके बिजनेस में Sales तो अच्छी है परन्तु वे उससे अच्छा मुनाफा नहीं कमा पा रहे। साथ ही रोज के खर्चे भी बढ़ते जा रहे हैं। इस वजह से व्यापार में हर रोज की चिक-चिक से परेशान होकर वे कोई अन्य या नया व्यापार करने की सोच रहे हैं। वे मुझसे आकर यह जरूर share करते हैं कि यदि मुझे कोई नया व्यापार पता हो तो मैं उन्हें सुझाव दूँ।

मैंने लगभग 200 से भी अधिक रिटेलर्स से बातचीत व चर्चा करके उनके pain points की सूची बनाई और उनके लिए समाधान की रूप-रेखा भी तैयार की।

आज हर व्यापारी कहाँ फँसा हुआ है?

- स्टॉक ज्यादा, सेल्स कम
- Loss ज्यादा, Profit कम
- सही ज्ञान और मार्गदर्शन की कमी
- Too much competition, Business नहीं बढ़ रहा है
- Competitors आपका बिजनेस खा रहे हैं

1. कारण 1: मैं अपने व्यापार से खुश नहीं हूँ।

2. कारण 2: मैं व्यापार की हर रोज की समस्याओं और चिक-चिक से तंग आ चुका हूँ।

3. कारण 3: मेरी दुकान व स्टोर पर ग्राहक नहीं आ रहे हैं।

4. कारण 4: अच्छी सेल्स के बावजूद भी, मुनाफा कम होता जा रहा है।

5. कारण 5: ग्राहकों ने मुझसे सामान खरीदना बंद कर दिया है।

मैंने ऊपर लिखित कारणों को समझा और पाया कि यह आमतौर पर सभी ग्राहक महसूस करते हैं। इसलिए हमें इसका समाधान पाने के लिए इसकी जड़ तक जाना होगा।

समस्या #1

ग्राहक मुझसे सामान क्यूं नहीं खरीद रहे हैं?

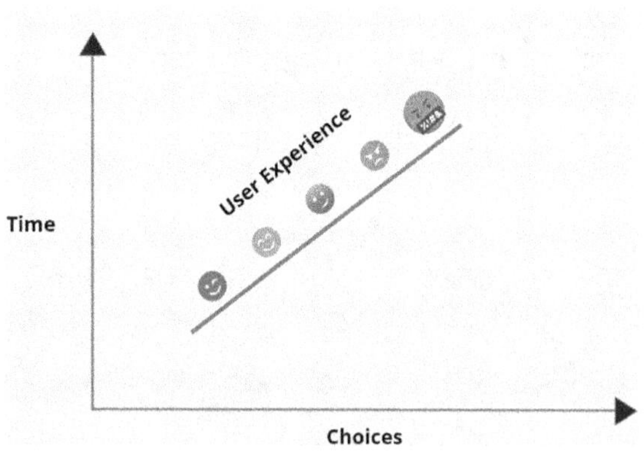

Hick's Law के नियम के अनुसार मार्केट में जितने ज्यादा प्रोडक्ट्स के विकल्प पाए जायेंगे, ग्राहकों को एक सही और अच्छा विकल्प चुनने में उतना ही अधिक समय लगेगा। यह नियम एक मनोवैज्ञानिक सिद्धांत है जो हर जगह लागु होता है। इसलिए कम दिखाओ और अच्छा दिखाओ।

समस्या #2

ग्राहक मेरे यहाँ सामान लेने दोबारा क्यों नहीं आ रहे हैं?

यह समस्या व्यापार में अकसर आती है। परन्तु कुछ आसान और प्रभावी तरीकों से आप अपने व्यवसाय को बढ़ा सकते हैं व बेहतर बना सकते हैं। इससे आप अपने ग्राहकों को अच्छे से जान भी पाएंगे और वे आपसे सामान लेने बार बार आएंगे।

समस्या #3

ऑनलाइन विक्रेताओं के साथ कैसे करें प्रतिस्पर्धा?

Digital Revolution होने से आज कल सभी व्यवसाय Online होते जा रहे हैं। इस वजह से काफी रिटेलर्स, online sellers से डरते हैं और उनसे प्रतिस्पर्धा नहीं कर पाते हैं। मैं उन सभी रिटेलर्स से यही कहना चाहता हूँ कि इस डर को कभी भी अपने ऊपर हावी न होने दें। हमेशा यह समझें कि उनका स्टोर या उनकी दुकान, ऑनलाइन सेलर्स से कहीं गुना ज्यादा बेहतर है।

आप पूरी शिद्दत, ध्यान और मेहनत से अपने लक्षित ग्राहकों पर अपना पूरा ध्यान केंद्रित करें।

समस्या #4

व्यापार में नए ग्राहक कैसे लायें?

व्यापार में बढ़ती प्रतिस्पर्धा के कारण आप सिर्फ एक ग्राहक या चुनिंदा ग्राहकों के भरोसे अपना व्यापार नहीं कर सकते। वो दिन गए जब व्यापारी या रिटेलर अपने ग्राहकों का स्टोर में आने का इंतजार करता था। मौजूदा ग्राहकों के साथ-साथ आपको नए ग्राहकों से भी संपर्क बनाना होगा। आपको निरंतर नए ग्राहकों से जुड़ने का प्रयास करना होगा और साथ ही उन्हें अपने ब्रांड, शोरूम और प्रोडक्ट्स की जानकारी भी देनी होगी।

समस्या #5

प्रतिस्पर्धा बाजार की हिस्सेदारी खा रही है, इसका सामना कैसे कर सकते हैं?

Competition हमारे हाथ में नहीं होता। इसलिए बेहतर होगा कि हम इसकी चिंता न करें। अपने ब्रांड पर काम कीजिये व ऐसे प्रोडक्ट्स रखिए जो latest व up-to-date हो। अपने ग्राहकों को समझिये और उन्हें वो प्रोडक्ट्स दिखाइए जो उन्हें चाहिए हो।

आपसे मेरा वादा

इस पुस्तक के माध्यम से मैं आपसे कुछ वादे करना चाहता हूँ। इस किताब में दी गई बातों को यदि आप अपने व्यापार में अमल करेंगे तो मेरा वादा है आपसे कि आपका बिजनेस कम से कम 10 गुना बढ़ जायेगा और व्यापार से जुड़ी कई सारी परेशानियों और समस्याओं का समाधान मिलेगा। साथ ही आपके जीवन और व्यापार में खुशियों का आगमन होगा। व्यापार में आपको भरपूर सफलता मिलेगी और आगे भी आपके लिए सारे रास्ते साफ होते चले जाएंगे। मुझे याद है एक वक़्त था जब मैं खुद दिशाहीन था। मगर इन तरीकों से मुझे काफी फायदा मिला। इसलिए मैंने सोचा क्यूं न अपने समय में से मैं अपना कुछ वक़्त आप सभी को दूँ और मेरे जैसे अन्य व्यापारियों की मदद भी करूँ।

यह पुस्तक पढ़ने के बाद आपको ग्राहक सेवा, बिक्री तकनीक, स्टोर नीतियां और प्रक्रियाएं एवम Stock प्रबंधन की जानकारी प्राप्त हो जाएगी।

व्यवधान अपने रास्ते पर है।

हमें यह जानकर कोई आश्चर्य नहीं होना चाहिए कि consumer इलेक्ट्रॉनिक्स उद्योग से राजस्व पिछले कुछ वर्षों में लगातार बढ़ रहा है। हाल ही में किये गए एक शोध अध्ययन के अनुसार यह जाना गया है कि Global कंस्यूमर electronics market 2023 में 31.9% की वार्षिक वृद्धि हुई है।

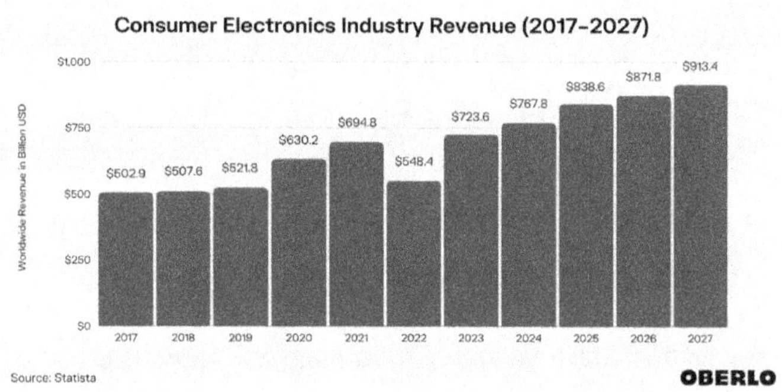

बाजार की मांग में अब क्रांतिकारी तरीके से बदलाव आ रहा है। व्यापार खतरे में है। एक रिटेलर के रूप में आपको भविष्य के लिए तैयार होना पड़ेगा। अपने आपको लगातार Upskill and Upgrade करना होगा।

जो पहले से ही इस पारिस्थिति की तंत्र के अनुकूल हो चुके हैं, बाजार के साथ तालमेल बिठाना शुरू कर चुके हैं, और उनके लिए जो अभी भी सोच रहे हैं, मैं START करने की सलाह देता हूं। अब बदलाव लाने और बदलने का समय आ चुका है।

14

अब वह समय आ चुका है जहाँ आप अपने व्यापार को बढ़ा सकते हैं और उससे डबल मुनाफा भी प्राप्त कर सकते हैं।

Do you believe it?

मेरे बताए तरीकों से आप अपनी दुकान का Footfall बढ़ा सकते है, High Profile customers को आकर्षित कर सकते हैं और साथ में online market को भी टक्कर दे सकते हैं।

क्या आप जानना चाहते हैं कैसे? तो चलिए मैं बताता हूँ कैसे।

समाधान #1

क्या आपने अपने शोरूम में सही प्रोडक्ट रखा है?

- अक्सर ऐसा होता है कि हम बिना किसी शोध के अपनी दुकान पर प्रोडक्ट्स का डिस्प्ले लगा लेते हैं। हम यह भूल जाते हैं या इस बात का ध्यान नहीं रखते कि प्रोडक्ट डिस्प्ले का दुकान पर बहुत ही जरुरी स्थान होता है। पर हम यह कार्य अपने स्टाफ पर छोड़ देते हैं।

- अपने ग्राहक की पसंद को ध्यान में रखते हुए हमें अपने प्रोडक्ट डिस्प्ले को लगाना चाहिए न कि वो डिस्प्ले जो हमें अच्छा लगता हो।

- अपने शोरूम या स्टोर को ग्राहक के नजर से देखना चाहिए।

- हमें इस बात का खास ध्यान रखना चाहिए कि जो प्रोडक्ट्स हमारे शोरूम या स्टोर पर सबसे ज्यादा बिकते हों हमें ज्यादातर उसी का डिस्प्ले लगाना चाहिए। यह हमें निरंतर करते रहना चाहिए। परन्तु हम अक्सर उन प्रोडक्ट्स को डिस्प्ले में लगाते हैं जो काफी समय से बिक नहीं रहे होते। इस कारण वे प्रोडक्ट्स हमारे डिस्प्ले की जगह भी ले लेते हैं और इनकी बिक्री भी नहीं होती। वैसे भी दिन प्रतिदिन हमारे शोरूम छोटे होते जा रहे हैं। इसलिए आप कभी भी ऐसी गलती मत करना।

- इस बात का ध्यान रखें कि हम अपने ग्राहक को वही प्रोडक्ट्स बेचें जिनकी Quality उच्च हो और साथ में वे प्रीमियम भी हों। इन प्रोडक्ट्स में मुनाफा अच्छा होता है। यदि हम इन चीजों का ध्यान रखेंगे तो हमारा ग्राहक हमसे जुड़ा रहेगा और वो प्रोडक्ट्स भी हम ही से लेगा। सिर्फ High End and Premium Products लगाएं और डिस्प्ले में सारे कलर्स होने चाहिए। अच्छे डिस्प्ले से आपका लाइफस्टाइल बदल सकता है।

- बिजनेस में कमाए गए profit का कुछ प्रतिशत हमें शोरूम के renovation या marketing गतिविधियों के लिए अवशय अलग रखना चाहिए। यह हमें हर वर्ष करना चाहिए। यह करने से बिजनेस में एक नयापन आता है।

- हमारा कार्य हमारी पूजा है। अपने शोरूम या कार्य स्थान को स्वच्छ, व्यवस्थित और साफ रखना चाहिए। इससे सकारात्मक ऊर्जा उत्पन्न होती है और ईश्वर का वास भी होता है।

- शोरूम पर रखे प्रोडक्ट डिस्प्ले को हर 3 महीने में बदलते रहना चाहिए।

'जो दिखता है, वही बिकता है'

कुछ उदाहरण इस प्रकार हैं

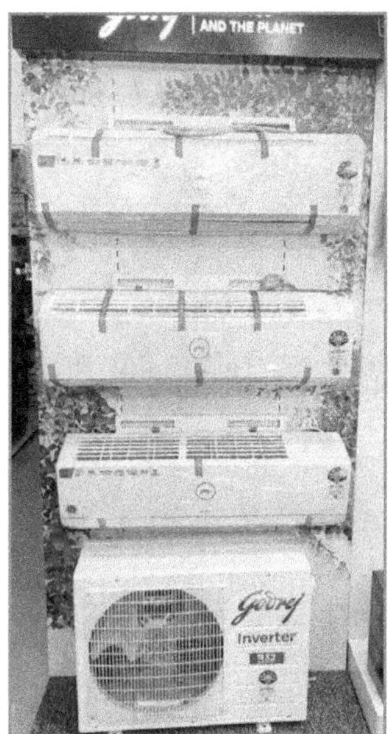

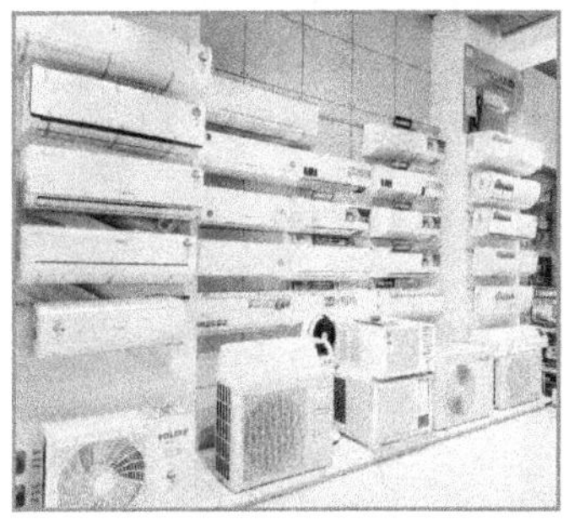

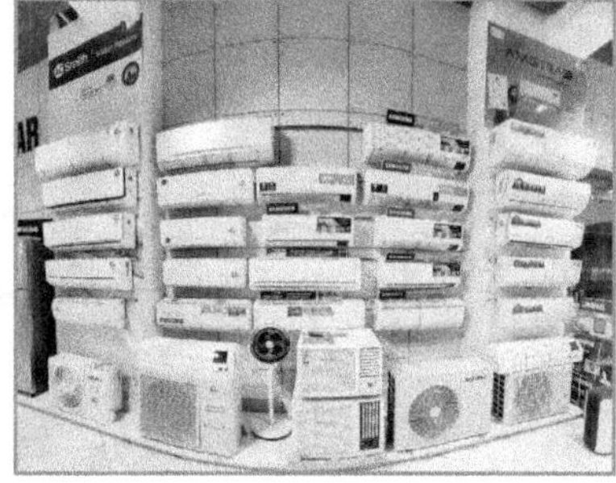

समाधान #2

ग्राहक से अधिक लाभ कैसे ले सकते हैं?

- जब भी आप ऑफर बना रहे हों, तो ध्यान रहे कि वह ग्राहक के फायदे को ध्यान में रख कर बनाया जा रहा हो।

- आप अपने व्यापार में cross selling को भी शामिल कर सकते हैं। जैसे एक प्रोडक्ट के साथ आप दूसरा प्रोडक्ट भी दे सकते हैं। उदाहरण: जैसे LED के साथ आप Home Theatre दे सकते हैं।

- आप अपने ऑफर में upsell को भी शामिल कर सकते हैं। जैसे यदि आपका ग्राहक 32" का LED लेना चाहे तो आप उसको 43" के LED पर डेमो दे दें और यदि वो 3 स्टार रेटिंग वाला AC चाहता हो तो उसे 5 स्टार की रेटिंग वाला AC दिखाएं। पर यह तभी मुमकिन है जब आपका डिस्प्ले हर तरह से सही हो। साथ में आपको अपने प्रोडक्ट्स की भी पूरी जानकारी होनी चाहिए। आपको फाइनेंस के सभी विकल्प की भी जानकारी होनी चाहिए।

कुछ उदाहरण इस प्रकार है

- इस बात का ध्यान रखें की हमें हमारे शोरूम की value बढ़ानी है। हम सभी जानते हैं कि सारे प्रोडक्ट्स एक ही फैक्ट्री में बनते हैं। लेकिन उनके ऊपर लगे हुए ब्रांड नाम से ही उनकी कीमत तय होती है। उसी तरह से सारे प्रोडक्ट्स सभी शोरूम में उपलब्ध होते हैं। तो यदि हम अपनी वैल्यू बढ़ाएंगे तो हम अपने ग्राहक से एक्स्ट्रा ले सकते हैं।

- वैल्यू बढ़ाने के बहुत सारे तरीके हैं। इसकी चर्चा हमने आगे भी की है।

Branding is Everything

समाधान #3

ग्राहक को अच्छा अनुभव कैसे दे सकते हैं?

- आपका सेल्समेन आपका राइट हैंड होता है। हमें यह ध्यान रखना चाहिए की अपने विकास के साथ साथ आपको अपने सेल्समेन को भी उन्नत और कौशल बनाना होगा।

- उनसे निरंतर व्यवसाय को बेहतर बनाने व ग्राहक की मांग को पूरा करने से संबंधित सुझाव मांगें। हमें अपने सेल्समेन को मार्ग दिखाना चाहिए और हमारे व्यापार को लेकर वे क्या महसूस करते हैं, यह भी जानें।

- उनकी निरंतर प्रोडक्ट ट्रेनिंग होनी चाहिए। अगर वे प्रोडक्ट की पूरी जानकारी रखेंगे तो वे आपके ग्राहक को प्रोडक्ट की सही जानकारी दे पाएंगे साथ में उसके लाभ भी बता पाएंगे।

- आपकी टीम आपकी सबसे बड़ी हिम्मत होती है। जैसे आप उनके लिए महत्वपूर्ण हो, उसी प्रकार वे भी आपके लिए सबसे जरूरी होने चाहिए। उनका जोश और काम के प्रति जज्बा बढ़ायें। उनकी निरंतर सराहना करें। यदि किसी को डांटने की जरूरत लगे तो उसे अकेले में कीजिये, सबके सामने न कीजिये।

- अपनी brand की छवि बनानी चाहिए और अपने पूरे स्टाफ को अपने ब्रांड के प्रतिनिधि के रूप में सुसंगत करना चाहिए। उनके लिए विशेष रूप से डिजाइन की गई uniform बनवानी चाहिए।

- अपने लोगों के साथ एक Emotional Bond बनायें। हर अच्छे व बुरे दिनों में उनका साथ दें। उनके विशेष दिनों पर जैसे जन्मदिन, शादी की सालगिरह आदि पर 'विश' जरूर करें।

- हफ्ते में एक दिन अपने टीम मेम्बर्स के साथ बैठें और उनसे बात करें। उनसे Pain Points भी समझिये। व्यवसाय में बेहतर बनाने के लिए, कस्टमर से बात करने की ट्रेनिंग उन्हें प्रदान करें। एक सेल्स के कर्मचारी के लिए यह बहुत महत्वपूर्ण है कि वह आपकी तरह कस्टमर से अच्छे से बात करें और उसकी जरूरत को समझ पाएं। ग्राहक को ऐसा नहीं लगना चाहिए कि वो किसी आम कर्मचारी से ही बात कर रहा है। ग्राहक को यही लगना चाहिए कि वह आपसे ही बात कर रहा है। यह इतना सरल होना चाहिए कि आपके सारे लोग आपकी ही छवि प्रदान कर रहे हों। यह पहल आपके व्यापार को अनगिनत लाभ प्रदान करेगा।

Gratitude is a powerful
catalyst for Happiness...

समाधान #4

नई तकनीक के साथ कैसे कर सकते हैं ग्राहक की देखभाल?

- इस बात का ध्यान रखें, की आपके पास सभी कंपनियों और ब्रांड्स के Latest Catalogues और Price List होने चाहिए। साथ मे अपने फोन या लैपटॉप पर e-catalogue और e-price list का एक फोल्डर भी होना चाहिए। अपने ग्राहक को यह Price List and e-catalogue देना न भूलें।

- आज की तारीख में आपका डाटा आपका गोल्ड माइन कहलाता है। इसलिए याद रखें कि अपने ग्राहक से संबंधित जरूरी डिटेल्स आपके पास लिखित होनी चाहिए। आपके प्रत्येक ग्राहक की जरूरी डिटेल्स जैसे की नाम, फोन नंबर, उन्होंने कौन-सा प्रोडक्ट खरीदा, वे कौनसा प्रोडक्ट लेंगे, कैसे फाइनेंस कराएंगे, आदि डिटेल्स आपके लैपटॉप या फोन में होनी चाहिए। यह डाटा होने से आपका व्यापार काफी आगे तक बढ़ेगा।

कैसे रखें अपने ग्राहकों का रिकॉर्ड

CUSTOMER NAME	Mobile No.	DOB/DOA	ADDRESS	INVOICE DATE	PRODUCT NAME	CASH/FINANCE	BILL NO	FEEDBACK CALL (AFTER 15 DAYS)	REFERENCE CALL (AFTER 2 MONTHS)	CALL(WHEN EMI COMPLETES)	CALL TO INFORM NEW PRODUCT LAUNCH
ADIL KHAN	83*********82	17-Feb-1994	BANIPARK,JAIPUR	31/08/2022	RT EONALPHA 270B 25 RI AR BL (2630)	CASH	6333	✓	✓		✓
MR. KM SAXENA	83*********82	15-Apr-1970	BANIPARK,JAIPUR	31/08/2022	CLOTH IRON STEAM USHA SL 3713	FINANCE	6339			✓	
MR. KRISHNA KUMAR	98*********98	1-Aug-1977	BANIPARK,JAIPUR	31/08/2022	GOD SA WS CLS+72 TN3 M WNRD 0368	FINANCE	6340	✓	✓	✓	✓
MR. ANUJ GUPTA	98*********97	30-Aug-1972	BANIPARK,JAIPUR	31/08/2022	ORIENT DRY IRON(0019)	CASH	6345				
MR. KRISHNA KUMAR	94*********98	30-Aug-1972	SHASTRI NAGAR,JAIPUR	31/08/2022	RT EONALPHA 270B 25 RI AR BL (2630)	FINANCE	6340			✓	
ADIL KHAN	83*********82	16-Aug-1980	SHASTRI NAGAR JAIPUR	31/08/2022	GOD RIO 207B 23 THF BH BL 2243	FINANCE	6344	✓	✓	✓	✓
MR RAJVEER SINGH	98*********98	5-Nov-1980	SHASTRI NAGAR JAIPUR	31/08/2022	CLOTH IRON STEAM USHA SL 3713	CASH	6400				
MR. KRISHNA KUMAR	94*********98	10-Aug-1990	SHASTRI NAGAR JAIPUR	31/08/2022	RT EONALPHA 270B 25 RI AR BL (2630)	FINANCE	6401			✓	
MR. DINESH JI	83*********55	11-May-1976	SHASTRI NAGAR,JAIPUR	31/08/2022	RT EON ALPHA 270B 25 RI AR WN (2631)	CASH	6402	✓	✓		✓
MR. ANUJ GUPTA	94*********98	23-Aug-1979	SHASTRI NAGAR,JAIPUR	31/08/2022	CLOTH IRON STEAM USHA SL 3713	FINANCE	6403			✓	
MR RAJVEER SINGH	98*********98	31-Dec-1970	VAISHALI NAGAR , JAIPUR	31/08/2022	RT EONALPHA 270B 25 RI AR BL (2630)	CASH	6488				
MR. ANUJ GUPTA	98*********81	8-Feb-1990	VAISHALI NAGAR , JAIPUR	31/08/2022	RT EON ALPHA 270B 25 RI AR WN (2631)	FINANCE	6499	✓	✓	✓	✓
MR. ANUJ GUPTA	94*********98	4-Apr-1996	VAISHALI NAGAR , JAIPUR	31/08/2022	CLOTH IRON STEAM USHA SL 3713	FINANCE	6477			✓	
ADIL KHAN	83*********82	1-Jan-1994	PANI PECH , JAIPUR	31/08/2022	GOD SA WS CLS+72 TN3 M WNRD 0368	CASH	6500				
MR RJ AGARWAL	98*********98	7-Oct-1989	PANI PECH , JAIPUR	31/08/2022	GOD SA WSEDGE CLS+72 TN3 M CNGR(0405)	FINANCE	6501	✓	✓	✓	✓
MR. RAJVEER SINGH	94*********98	1-Jan-1954	PANI PECH , JAIPUR	31/08/2022	ORIENT DRY IRON(0019)	FINANCE	6502			✓	
MR. KM SAXENA	83*********82	15-Jul-1983	PANI PECH , JAIPUR	31/08/2022	INTEX LED SHF3265 (SMART- 1 Year)	CASH	6503	✓	✓		✓

- व्यापार में यदि आप अपने ग्राहकों को हमेशा अपने साथ देखना चाहते हैं तो उनसे निरंतर संपर्क बनाकर रखें। समय समय पर अपने उस ग्राहक को फोन करें जिसने आपसे प्रोडक्ट खरीदा हो। उससे यह जानने की कोशिश करें कि जो प्रोडक्ट उसने खरीदा था, क्या उसका वह निर्णय सही था? क्या वह प्रोडक्ट सही प्रकार से चल रहा है? क्या कोई परेशानी तो नहीं? यदि कोई परेशानी हो तो उनको कहाँ संपर्क करना चाहिए, यह भी बताना जरूरी है।

- हमें अपने ग्राहकों की Lifetime Care करनी चाहिए।

- जैसे तुलसी का पौधा छोटा हो या बड़ा हमेशा पूजनीय होता है वैसे ही हमारा ग्राहक भी पूजनीय है।

पुराने तरीके से Business
अब नहीं चल सकता।

समाधान #5

ग्राहक तक पहुँचने का रहस्यमयी रास्ता कौन-सा है?

हमें समय-समय पर अपने एरिया में कोई-न-कोई 'Sales Activity' करते रहना चाहिए। ऐसा करने से वहां लोगों को आपकी दुकान या शोरूम के बारें में ज्ञात होगा और साथ में Mouth publicity भी होगी। उदाहरण के तौर पर Finance मेला, सर्विस कैंप, नया प्रोडक्ट लांच करना, इत्यादि।

समय निकालकर अपने पुराने ग्राहकों को बुलायें। एक चाय-समोसा पार्टी का आयोजन करें और फिर उन्हें अपने नए प्रोडक्ट्स के बारें में जानकारी दें।

- सामान बेचने के बाद, उनके फोन में कंपनी के कॉल सेंटर का नंबर सेव करना न भूलें। और अपने प्रत्येक ग्राहक को त्यौहारों पर बधाई दें। साथ में उन्हें नए प्रोडक्ट्स के बारें में समझाएं। हमें कोई भी Transaction को सिर्फ 'One-time' इवेंट की तरह नहीं देखना चाहिए। इसे शादी की तरह ही lifetime commitment समझना चाहिए।

- ग्राहक जब आपका प्रोडक्ट खरीद ले तो यह आपका फर्ज है कि आप उसे आदरपूर्वक बिठायें और उसको उपयोग करने का तरीका समझाइएं। साथ ही उन्हें क्या क्या सावनाधियाँ रखनी चाहिए, वो भी जरूर बताएं।

- ग्राहक की service या complaint request पूरी होने के बाद उनसे यह जरूर जानें कि वे संतुष्ट हैं कि नहीं। क्या उनकी परेशानी solve हुई या नहीं?

- ग्राहक को प्रोडक्ट देते समय उसकी फोटो जरूर लेनी चाहिए। साथ में ग्राहक का review भी लेना चाहिये। ये दोनों डिटेल्स Facebook/Instagram पर पोस्ट करना चाहिए। आप अपने शोरूम के बड़े से LED पर भी इसको चला सकते हैं। यह करने से आपके शोरूम पर आने वाले ग्राहक इसको देखेंगे और उनको ग्राहक की बात समझ भी आएगी और वैसे भी ग्राहक को ग्राहक की बात जल्दी समझ में आती है।

- आपको अपने क्षेत्र की लेटेस्ट जानकारी होनी चाहिए। मार्केट में इस समय क्या चल रहा है, कौनसे ब्रांड्स अच्छा कर रहे हैं, कौन-से नए प्रोडक्ट लांच होने वाले हैं इत्यादि जानकारी आपके पास होनी चाहिए। ये सब जानकारी प्राप्त करने के लिए आपको कंपनी के सेल्स ऑफिसर्स से मिलते रहना चाहिए और 'डीलर्स मीट' में 100% जाना चाहिए।

- अगर आपसे कोई ग्राहक वो प्रोडक्ट मांगे जो आपके पास नहीं है तो उसकी पूरी जानकरी लेनी चाहिए। फिर ग्राहक को उसके बारे में बताना चाहिए। वह उसके लिए लाभदायक है या नहीं, यह जरूर बतायें। बाजार में उसे कोई गलत जानकारी तो नहीं दे रहा है इसकी भी पड़ताल करें क्योंकि हर बाजार में कुछ लोग ऐसे होते हैं जो अपने छोटे से फायदे के लिए ग्राहक को गुमराह कर देते हैं।

- चाहे आप किसी भी व्यवसाय में हों- चाहे आप कपड़े के व्यापारी हों, या इवेंट ऑर्गनाजर, या शादी कराने वाले पंडित-जी इत्यादि आपके पास अपने ग्राहकों की सूची अवश्य होनी चाहिए। उनसे समय-समय पर मिलें। उनको

अलग-अलग तरह के collaboration ideas दे सकते हैं। उनसे एक दूसरे को refer करने का भी विकल्प दे सकते हैं। इससे दोनों का फायदा है।

NAME	PROFESSION	Mobile No.	DOB/DOA	ADDRESS
ADIL KHAN	PANDIT	83*********82	17-Feb-1994	PANI PECH , JAIPUR
MR. KM SAXENA	EVENT ORGANISER	83*********82	15-Apr-1970	BANIPARK,JAIPUR
MR. KRISHNA KUMAR	GARDEN	98*********98	1-Aug-1977	BANIPARK,JAIPUR
MR. ANUJ GUPTA	PANDIT	98*********97	30-Aug-1972	BANIPARK,JAIPUR
MR RAJVEER SINGH	PANDIT	94*********98	30-Aug-1972	SHASTRI NAGAR,JAIPUR
MR. DINESH JI	GARDEN	83*********82	16-Aug-1980	PANI PECH , JAIPUR
MR RJ AGARWAL	EVENT ORGANISER	98*********98	5-Nov-1980	SHASTRI NAGAR,JAIPUR
		94*********98	10-Aug-1990	SHASTRI NAGAR,JAIPUR

"ग्राहक ही भगवान है"

CUSTOMER NAME	Mobile No.	DOB/DOA	ADDRESS	DATE	PRODUCT NAME	इसने क्यों नहीं खरीदा(REASON)	CASH/FINANCE(किस्से लेंगे)	कब तक खरीदोगे(DATE)
ADIL KHAN	83*********82	17-Feb-1994	BANIPARK,JAIPUR	31/08/2022	RT EONALPHA 270B 25 RI AR BL (2030)	PRICE ISSUE	CASH	06/10/2022
MR. KM SAXENA	83*********82	15-Apr-1970	BANIPARK,JAIPUR	31/08/2022	CLOTH IRON STEAM USHA SL 3713	COLOUR NOT AVAILABLE	FINANCE	06/10/2022
MR. KRISHNA KUMAR	98*********98	1-Aug-1977	BANIPARK,JAIPUR	31/08/2022	GOD SA WS CLS+72 TN3 M WNRD 0368	MODEL NOT AVAILABLE	FINANCE	15/10/2022
MR. ANUJ GUPTA	98*********97	30-Aug-1972	BANIPARK,JAIPUR	31/08/2022	ORIENT DRY IRON(0019)	PRICE ISSUE	CASH	29/10/2022
MR. KRISHNA KUMAR	94*********98	30-Aug-1972	SHASTRI NAGAR,JAIPUR	31/08/2022	RT EONALPHA 270B 25 RI AR BL (2630)	MODEL NOT AVAILABLE	FINANCE	25/11/2022
ADIL KHAN	83*********82	16-Aug-1980	SHASTRI NAGAR,JAIPUR	31/08/2022	GOD RIO 207B 23 THF BH BL 2243	COLOUR NOT AVAILABLE	FINANCE	06/10/2022
MR RAJVEER SINGH	98*********98	5-Nov-1980	SHASTRI NAGAR,JAIPUR	31/08/2022	CLOTH IRON STEAM USHA SL 3713	NEXT TIME	CASH	15/10/2022
MR. KRISHNA KUMAR	94*********98	10-Aug-1990	SHASTRI NAGAR,JAIPUR	31/08/2022	RT EONALPHA 270B 25 RI AR BL (2630)	PRICE ISSUE	FINANCE	25/11/2022
MR. DINESH JI	83*********55	11-May-1976	SHASTRI NAGAR,JAIPUR	31/08/2022	RT EON ALPHA 270B 25 RI AR WN (2631)	MODEL NOT AVAILABLE	CASH	29/10/2022
MR. ANUJ GUPTA	94*********98	23-Aug-1979	SHASTRI NAGAR,JAIPUR	31/08/2022	CLOTH IRON STEAM USHA SL 3713	COLOUR NOT AVAILABLE	FINANCE	08/10/2022
MR RAJVEER SINGH	98*********98	31-Dec-1970	VAISHALI NAGAR , JAIPUR	31/08/2022	RT EONALPHA 270B 25 RI AR BL (2630)	PRICE ISSUE	CASH	25/11/2022
MR. ANUJ GUPTA	98*********81	8-Feb-1990	VAISHALI NAGAR , JAIPUR	31/08/2022	RT EON ALPHA 270B 25 RI AR WN (2631)	NEXT TIME	FINANCE	15/10/2022
MR. ANUJ GUPTA	94*********98	4-Apr-1996	VAISHALI NAGAR , JAIPUR	31/08/2022	CLOTH IRON STEAM USHA SL 3713	MODEL NOT AVAILABLE	FINANCE	29/10/2022
ADIL KHAN	83*********82	1-Jan-1994	PANI PECH , JAIPUR	31/08/2022	GOD SA WS CLS+72 TN3 M WNRD 0368	PRICE ISSUE	CASH	25/11/2022
MR RJ AGARWAL	98*********98	7-Oct-1989	PANI PECH , JAIPUR	31/08/2022	GOD SA WSEDGE CLS+72 TN3 M CNGR(0405)	NEXT TIME	FINANCE	06/10/2022
MR RAJVEER SINGH	94*********98	1-Jan-1954	PANI PECH , JAIPUR	31/08/2022	ORIENT DRY IRON(0019)	MODEL NOT AVAILABLE	FINANCE	29/10/2022
MR. KM SAXENA	83*********82	15-Jul-1983	PANI PECH , JAIPUR	31/08/2022	INTEX LED SHF3265 (SMART- 1 Year)	COLOUR NOT AVAILABLE	CASH	15/10/2022

समाधान #6

अपने व्यापार की उम्र बढ़ाने के कौनसे तरीके हैं?

जहाँ एक तरफ बिजनेस की वृद्धि उसके सेल्स डिपार्टमेंट पर निर्भर है, वहीं दूसरी तरफ Marketing भी अपनी जगह बहुत महत्वपूर्ण है। Marketing एक ऐसा पौधा है जिसे उगाए बिना कंपनी आगे नहीं बढ़ सकती। आपको शायद मालूम होगा कि कोई भी कंपनी की sales उसके marketing के बिना अधूरी है। आज की तारीख में कंपनी की sales बढ़ाने में 80% marketing का हिस्सा है।

आप शायद यह सोच रहे होंगे कि marketing करने से क्या होगा? अगर ऐसा है तो आइये और जानिए मेरी कहानी।

मैंने जब से अपने व्यापार में marketing को अमल किया है तब से मेरे व्यापार में वृद्धि हुई है। हर वर्ष मेरी कंपनी की growth और brand value बढ़ी है। अब लोग भी मुझे अच्छी तरह से जानने लगे हैं और मेरी टीम को भी शानदार रिस्पांस देने लग गए हैं। मेरी सेल्स टीम के बात करने और काम करने के तरीकों में काफी बदलाव आया है। साथ ही उनका काम के प्रति जुनून और जोश भी बढ़ गया है।

दोस्तों, आपको क्या करना चाहिए?

- सबसे पहले हमें अपने क्षेत्र के प्रतिष्ठित लोगों की एक सूची बनानी चाहिए। प्रीमियम प्रोडक्ट्स के आने पर आपको उन्हें आमंत्रित करना है और इवेंट की वीडियो बनाकर सभी ग्राहकों को भेजना है।

- अपने प्रत्येक ग्राहक से 'Google Review' लेना न भूलें। इससे ज्यादा से ज्यादा लोग आपको और आपके ब्रांड के बारें में जानेंगे और आपको रेटिंग भी देंगे।

- जो भी Happy Client Reviews और Testimonials है उन्हें अपने social media handles और channels पर जरूर पोस्ट करें।

- अगर आप मेरी सेवाओं से संतुष्ट हैं तो मैं अपना बिजनेस card आपको व्हाट्सप्प कर रहा हूँ। आप इसे अपने साथियों, मित्रों और परिवारजनों को भी दे सकते हैं। यदि उन्हें कोई प्रोडक्ट चाहिए हो तो आप उन्हें हमारा reference भी दे

सकते हैं। आप उनका नंबर भी मुझे दे सकते हैं। मैं आपका reference देकर उनसे बात कर लूंगा।

- कभी-कभी व्यापार में मंदी का भी सामना करना पड़ता है। ऐसे वक्त में कोई न कोई एक्टिविटी जरूर करनी चाहिए। जैसे कि एक्सचेंज मेला, सेल, फ्री सर्विस कैंप, या आपके व्यापार से संबंधित कुछ और इस तरह की चीजें। हमें हाथ पर हाथ धर के अगले सीजन का इंतजार नहीं करना चाहिए।

- हमें हर महीने बिजनेस की प्लानिंग करनी चाहिए। हमें हर महीने का सेल्स टारगेट प्राप्त करना है और इस लक्ष्य को पाने के लिए क्या क्या एक्टिविटी करनी चाहिए उस पर अपने ध्यान को केंद्रित करना है।

- हम कितने % ग्राहक को सामान बेच पा रहे हैं और कितने % ग्राहक मेरे शोरूम से बिना सामान लिए जा रहे हैं, उनके नहीं खरीदने का कारण ढूंढना चाहिए। यह जानने के बाद उन कारणों पर विचार करना चाहिए। जब किसी पर चर्चा होती है तो कोई न कोई समाधान तो निकलता ही है। उनको फोन करना चाहिए और बोलना चाहिए, सॉरी कोई गलती हो गई होगी लेकिन अगली बार सेवा का मौका जरूर दीजिएगा।

हमें अपने शोरूम की कहानी बनानी चाहिए।

कहानी बनाने के लिए निम्नलिखित बिंदुओं का ध्यान जरूर रखना चाहिए–

- आपको अपनी दुकान को शुरू करने का आईडिया कहाँ से और कब आया?

- आपके मार्गदर्शक कौन हैं?

- आपके टीम की ताकत कितनी है?

- आपका लक्ष्य क्या है?

- आपने अभी तक कितने प्रोडक्ट्स बेच रहे हैं?

- आपके कितने संतुष्ट ग्राहक हैं?

100 बात की 1 बात जरूर करूंगा यहां- लोग अक्सर सोचते हैं कि शोरूम खोलने से शोरूम चल जायेगा तो यह उनका बहुत बड़ा भ्रम है। शोरूम चलाने के लिए अनगिनत प्रयास भी करने पड़ेंगे। कभी-कभी ऐसा भी होता है कि मुख्य बाजार के शोरूम भी बंद पड़ जाते हैं और वहीं गलियों के शोरूम में भीड़ लगी रहती है। फिर यह न कहना कि उसकी किस्मत अच्छी है।

समाधान #7
कैसे रहें सावधान सस्ते से?

आप जानते हैं- ग्राहक को दुकान पर बुलाना और हमेशा अपना बनाए रखना सबसे कीमती चीज है। क्या आप भी ऐसी गलती करते हैं जिस वजह से आपका ग्राहक नाराज हो रहा है और आपका व्यापार कम हो रहा है?

यदि ऐसा है तो आप रुक जाइये।

सस्ते प्रोडक्ट्स के चक्कर में आकर बाजार से व्यापार करने की यह गलती न करें। हमेशा Premium ब्रांड के साथ और Authorised चैनल से ही व्यापार करें। सस्ते उत्पाद को बेचना आसान तो है लेकिन यह करने से आप अपनी मार्केट वैल्यू को खतरे में डाल

सकते हैं। यदि आपको यह महसूस नहीं हुआ है तो आप उन लोगों के व्यापार को देखें और समझें कि उनका व्यापार कैसे बढ़ और कम हो रहा है। इसका जवाब आपको वहीं मिल जायेगा।

आप अपना फोकस Local और सस्ते प्रोडक्ट्स से हटाएं। ऐसे प्रोडक्ट्स में deal न करें। इसकी जगह आप अपना ध्यान top end products में लगाएं जिनका अपने खुद का manufacturing, quality और research and development का setup हो। बाजार से कोई भी अपना नाम लगाकर प्रोडक्ट ले आता है, और आप सस्ते और थोड़ा मुनाफे के लालच में उसे अपनी गुडविल पर बेचने लगते हैं। 3-4 साल बाद जब वो खराब होता है तो नुकसान उसका नहीं, आपका होता है। आपसे आपका ग्राहक हमेशा के लिए टूट जाता है। आज के competitive युग में नया ग्राहक बनाना कोई आसान काम नहीं है। यह अपने आप में एक महंगा सौदा है।

हमेशा उद्योग में सर्वश्रेष्ठ supplier के साथ जुड़ना चाहिए। उनका प्रीमियम buyer बनना चाहिए। आपूर्तिकर्ता हमेशा अपने प्रीमियम खरीदारों का ध्यान रखते हैं।

प्रवाह और भुगतान बनाए रखने के लिए हमेशा छोटे छोटे order में ही खरीदारी करनी चाहिए।

आपके supplier के पूछने से पहले सहमत शर्तों के अनुसार भुगतान करना चाहिए।

Supplier के साथ feedback, सलाह और पूर्वानुमान साझा करना चाहिए और अपना कौशल दिखाना चाहिए।

अपने सप्लायर के साथ अपनी वास्तविक समस्याओं पर चर्चा करें क्यूंकि वह आपका सपोर्ट सिस्टम है।

अपने सप्लायर से संपर्क करें और अधिक पैसे कैसे बचायें उसपर विचार करें।

हर 15 दिन में कुल खरीदा और बेचा गया सामान का विश्लेषण करें। साथ ही suppliers के प्रोडक्ट्स आपके स्टोर पर कैसा प्रदर्शन कर रहे हैं उस पर भी विचार करें।

अपने मासिक खर्चों का विश्लेषण और समीक्षा करें।

People Do Not Buy Goods And Services. They Buy Relations, Stories And Magic.

जैसी सोच वैसी काया

हमारी वास्तविक स्थिति हमारी सोच पर निर्भर करती है। जैसा हम सोचते हैं वैसा ही होने लगता है। इसे हम 'manifestation' या 'law of attraction' से भी जोड़ सकते हैं। जैसा हम दिमाग में विचार लाएंगे, हमारे व्यापार की पिक्चर या स्थिति भी उसी तरह होती जाएगी। इसलिए हमेशा अच्छा सोचें जिससे व्यापार में वृद्धि हो और आप इसे बड़ा बना पाएंगे।

जैसे अगर मैं कोई नई वस्तु खरीदना चाहता हूँ तो मुझे हर जगह वही दिखने लगेगी। जैसे अगर मुझे नई कार चाहिए तो मुझे हर जगह नई कार दिखने लगेगी।

यदि मुझे सफेद रंग की कार चाहिए तो हर जगह मुझे सफेद रंग की कार दिखने लगेगी। उसी प्रकार यदि हम सोचेंगे कि हमारे पास अच्छे ग्राहक आएंगे तो यह सच हो जायेगा।

हमारा व्यापार भी हमारे बच्चे की तरह होता है। जिस प्रकार हम अपने बच्चे का अच्छे से ध्यान रखते हैं उसी प्रकार हमे अपने व्यापार का भी ध्यान रखना चाहिए।

अपने व्यापार की तरक्की हमारे हाथ में ही होती है। यदि हम इसे सफलता की ऊंचाइयों पर ले जाना चाहते हैं तो वो भी हमारी सोच और Actions पर निर्भर करता है। अब आप सोचो आपको क्या करना है।

व्यापार में अधिक पाने के लिए हमें अपने तरीकों को भी बदलना पड़ेगा।

एक बात जरूर याद रखना कि जीवन में कभी भी पैसों के लिए काम मत करना। सिर्फ Results, Value और Real impact पैदा करने के लिये काम करो। पैसे तो झक मारकर पीछे आएंगे।

Thoughts Become Reality

आपके सारे सपने सच हो गए हैं

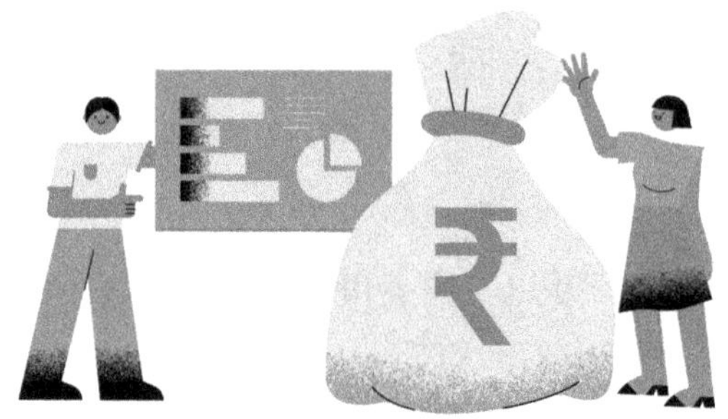

- आपके शोरूम पर ग्राहकों की भीड़ लगी हुई है

- आप अपनी ड्रीम कार में घूम रहे हैं

- स्वच्छ, पौष्टिक व अच्छा आहार प्राप्त कर रहे हैं

- आपकी परफेक्ट फैमिली लाइफ है

- Foreign countries घूम रहे हैं

- आप राजा बन गए हैं

- आपका बैंक बैलेंस भी बढ़ रहा है

सलाह

मैं वो साझा कर रहा हूं जो मैं करता हूँ और आपको भी ऐसा करने की सलाह देता हूँ। ये कुछ युक्तियां हैं जिनका मैं अनुसरण कर रहा हूँ, और मेरा सुझाव है कि आप उनका अनुसरण करने का प्रयास करें और अंतर देखें:

- अपने ग्राहकों को अपने बारे में बात करने दें। ग्राहकों के साथ अपने व्यवहार और लेन-देन में ईमानदारी सबसे अच्छी बात है।

- अपने ग्राहकों के खरीदारी पैटर्न को पहचानने और समझने की कोशिश करें।

- एक ही बार में बड़ा स्टॉक खरीदने से बचें। इसकी जगह छोटी मात्रा में खरीदें लेकिन निरंतर खरीदें। इससे आपको हमेशा नवीनतम स्टॉक मिलेंगे और साथ ही एक बार में बड़ा पेमेंट भी नहीं करना पड़ेगा।

- आपके पास जो है उसके लिए आभारी रहें।

- हमेशा सकारात्मक सोच रखें।

- कभी भी एक समय पर बहुत सारे काम न करें। यह करने से आपका कार्य बिगड़ भी सकता है। बेहतर है कि एक समय पर एक कार्य पर ही अपना ध्यान केंद्रित करें। इससे Results भी बेहतरीन आएंगे।

- ''हर समस्या एक उपहार है''- समस्याओं के बिना हम विकसित नहीं हो सकते।

निष्कर्ष

मैं आपसे विनम्र निवेदन करना चाहता हूँ कि आप सभी ऊपर दिए गए तरीकों का प्रयोग अपने व्यापार में जरूर करें। मैं यकीन के साथ कह सकता हूँ कि हर वर्ष आपका व्यापार बढ़ता जायेगा और आपकी रोजमर्रा की परेशानियों से भी आप छुटकारा प्राप्त कर पाएंगे।

आपका आने वाला समय बेहद खूबसूरत होने वाला है, आपका आगे का रास्ता भी जॉयफुल होगा और आप अपने व्यापार को एक नई सोच के साथ कर पाएंगे।

तभी तो हम कह पाएंगे- 'पैसे पेड़ पर उगते हैं।'

जरूरत है अपने आपको UPSCALE करने की, तैयार करने की, आने वाले कल को आज से बहुत बेहतर करने की।

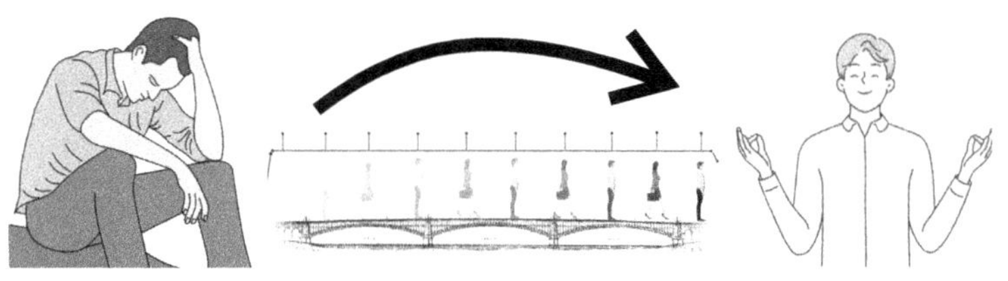

Sad   **Happy**

दो रास्ते

दोस्तों, आपके पास व्यापार में 2 विकल्प हैं:

आप अपने व्यापार को ऐसे ही चलने दें जैसा कि चल रहा है।

या

आज के समय के अनुसार उसे बदलने पर विचार करें।

आगे क्या करें?

- अगर आपको मेरी पुस्तक पसंद आये तो मुझे अपने विचार जरूर भेजें:

Ravi Jain

Mob.: 9828300010

- अगली श्रृंखला में जानिए- 'अभी हमारे लिए कितना बाजार खाली है?'